다라니(진언)
사경 13

KB220168

극락왕생을 위한 진언

운주사

머리말

진언眞言은 '거룩하고 참된 말'이라는 뜻으로 산스크리트어 만트라mantra를 번역한 것이다. 주呪, 신주神呪라고도 번역한다. 진언을 다라니dharani라고도 하는데, 다라니는 '모든 선함을 기억하여 지니고, 모든 악함을 일어나지 않게 막는다'는 의미로 총지總持, 능지能持, 능차能遮라 번역하기도 한다.

　불교에서 진언은 수행의 한 방편으로 매우 중요시하였는데, 진언을 반복해서 외우거나, 진언 자체를 관하는 명상을 하거나, 정성껏 받아쓰는 등의 수행을 통하여 물질적·정신적 장해들을 극복하며, 마음을 정화하고 지혜를 얻어 궁극에는 깨달음에 도달하게 된다고 보았다.

　진언 수행의 가장 일반적인 형태는 이를 반복해서 외우는 것이다. 외우는 방법에는 입으로 외우는 방법과 이를 정성껏 받아쓰며 외우는 방법이 있다. 다만 진언 사경은 입으로 외우는 것보다 시간이 더 걸린다는 점이 다르다. 그만큼 사경은 입으로 외우는 것보다 정성과 노력을 더 필요로 하는 수행인 것이다.

사경이란

사경은 부처님의 말씀을 옮겨 쓰는 것으로, 기도 수행의 한 방법이다. 즉 사경은 몸과 마음을 정갈히 가다듬고 부처님 말씀을 한 자 한 자 정성껏 옮겨 쓰는 수행 과정을 통해 불보살님의 가피를 받아 신심과 원력이 증장하고 바라는 소원이 성취되며, 늘 기쁨이 충만한 삶을 살다가 목숨을 마치고는 극락왕생하는 데 그 목적이 있다.

사경의 의의

부처님의 말씀은 경전을 통하여 우리에게 전해지고 있다. 따라서 경전의 말씀은 단순한 글자가 아니라 부처님이 깨달으신 진리를 상징하고 있다. 진리 자체는 문자로 나타낼 수 없지만 문자를 떠나서도 진리를 전하기 어렵다. 그러므로 경전에 쓰인 문자는 부처님께서 중생들을 진리로 인도하시려는 자비심의 상징이기도 하다.

사경을 통하여 우리는 부처님의 말씀을 보다 차분하게 깊이 이해할 수 있을 뿐 아니라, 정성을 다하여 사경하는 행위 그 자체가 훌륭한 수행이 된다는 사실을 알아야 한다. 그래서 옛 수행자들은 자신의 피로 사경을 하기도 하고, 한 글자를 쓸 때마다 삼배의 예를 올리기도 하였던 것이다.

이와 같이 사경은 부처님 말씀을 이해하고 자신의 마음을 맑히는 훌륭한 수행이자, 스스로의 정성을 부처님께 공양 올리는 거룩한 불사佛事라고 할 수 있다.

진언 사경의 공덕

부처님께서는 『법화경』, 『반야경』 등 여러 경전에서 사경의 공덕이 매우 수승하다고 말씀하신다. 예컨대 사경의 공덕은 무수한 세월 동안 부처님께 재물을 보시한 공덕보다 뛰어나고 탑을 조성하는 공덕보다 수승하다는 것 등이다. 진언(다라니) 사경에는 다음과 같은 공덕이 있다.

1. 몸과 마음이 평안해지고 신심과 지혜가 증대된다.
2. 현세를 살아가며 마주치는 모든 재난을 이겨내고 삿된 기운을 물리친다.
3. 전생부터 지금까지 지은 모든 업장이 소멸된다.
4. 바라는 바를 원만하게 성취할 수 있다.
5. 부처님 가르침을 기억하여 잊지 않게 되고, 기억력이 좋아져 머리가 총명해진다.

6. 마음이 편안하고 안정되어 부처님 마음과 감응하여 삼매를 성취할 수 있다.

7. 모든 불자들이 바라는 깨달음을 빨리 얻을 수 있다.

8. 하는 일이 잘되며, 어려운 일이 해결된다.

9. 현실의 물질적, 정신적 어려움이 사라진다.

10. 맺힌 원결들이 풀어지고 주변에 좋은 인연들이 모여든다.

11. 불보살님이 항상 가피해 주신다.

12. 선망 조상들과 인연 있는 이들뿐 아니라 스스로도 극락왕생한다.

13. 늘 기쁘고 행복하며, 자비심이 생겨 만나는 이들에게도 행복을 전해 준다.

사경하는 순서

다음은 사경을 하는 일반적인 순서이다. 하지만 오로지 진실한 마음이 중요한 것이니, 크게 구애받지 말고 상황에 따라 적절히 실행하면 된다.

1. 몸과 마음을 정갈히 가다듬는다.

2. 사경할 준비를 하고 초를 켜거나 향을 피운다.

3. 3배를 올리고 사경 발원문을 봉독한다.

4. 개인적인 발원을 올린다.

5. 정성껏 사경을 한다.(1자1배, 1자3배를 하기도 한다)

6. 모든 공덕을 중생들에게 회향하는 보회향진언으로 사경을 마무리한다.

7. 3배를 올리고 마친다.

*사경을 처음 시작할 때 언제까지 몇 번을 쓰겠다고 불보살님께 약속하고 시작하는 것이 좋다. 도중에 나태해지거나 그만 두는 것을 예방할 수 있기 때문이다. 1,000번, 3,000번, 10,000번 등 자신의 신심에 따라 발원하면 된다.

사경 발원문

참 진리의 고향이시자 중생을 구원하시는 대자대비하신 부처님!

시작 없는 전생에서부터 오늘에 이르기까지 제가 지은 모든 죄업을 부처님 전에 참회하나이다.

제가 이제 몸과 말과 뜻으로 부처님께 지극한 마음으로 귀의하며 사경의식을 봉행하오니, 이 인연 공덕으로 살아 있는 모든 생명의 행복과 해탈을 축원하옵니다. 또한 저와 인연 있는 이들이 다생겁래로 지어온 모든 업장이 소멸되고 바라는 모든 발원이 원만히 성취되게 하시어 감사하고 행복한 삶을 살다가, 끝내는 깨달음의 문을 열게 해주소서. 또한 선망 조상님과 여러 인연 있는 영가들이 극락왕생하여 영원한 행복을 누리게 하소서!

개인 발원문 (각자 바라는 발원을 적고 읽는다.)

불기   년   월   일

사경 제자 _____   공경 합장

극락왕생을 위한 진언

『극락왕생을 위한 진언』은 이승에서의 삶을 마치고 다시는 육도에 윤회하지 않고 극락세계에 왕생하기를 바라는 간절한 마음을 담은 진언이다. 「무량수불설 왕생정토주定往生淨土呪」, 「결정왕생정토決定往生淨土진언」, 「구생시방정토求生十方淨土진언」, 「아미타불 종자種子진언」을 지성으로 사경하면 불보살님의 가피를 입어 죽은 뒤에 어떤 고통도 존재하지 않고 오로지 기쁨과 행복, 안락만이 가득한 극락세계에 왕생할 것이다.

기도 수행의 기본은 참회와 업장소멸이다. 무시이래로 모르고 지었거나 알고 지은 모든 죄와 업장을 참회하고 소멸해야만 기도의 가피를 받을 수 있다. 몸과 마음을 깨끗이 정화해야 새로운 기운을 받을 수 있기 때문이다. 어느 진언을 사경하든 가능하면 ①죄업을 참회하는 진언과 ②업장을 소멸하는 진언을 먼저 사경하기 바란다.

무량수불설 왕생정토주往生淨土呪

나무 아미다바야 다타가다야 다디야타 아미리도 바
비 아미리다 싯담바비 아미리다 비가란제 아미리다
비가란다 가미니 가가나 깃다가례 사바하

결정왕생정토決定往生淨土진언

나무 사만다 못다남 옴 아마리 다바볘 사바하

구생시방정토求生十方淨土진언

옴 기리기리 바아라 볼반다 훔바닥

아미타불 종자種子진언

옴 바즈라 다르마 흐릭

사경 시작한 날 : 불기 _____ 년 ____ 월 ____ 일

무량수불설 왕생정토주往生淨土呪

나무 아미다바야 다타가다야 다디야타 아미리
도 바비 아미리다 싯담바비 아미리다 비가란
제 아미리다 비가란다 가미니 가가나 깃다가
례 사바하

001 나무 아미다바야 다타가다야 다
디야타 아미리도 바비 아미리다
싯담바비 아미리다 비가란제 아
미리다 비가란다 가미니 가가나
깃다가례 사바하

002 나무 아미다바야 다타가다야 다
디야타 아미리도 바비 아미리다
싯담바비 아미리다 비가란제 아
미리다 비가란다 가미니 가가나
깃다가례 사바하

003 나무 아미다바야 다타가다야 다
디야타 아미리도 바비 아미리다
싯담바비 아미리다 비가란제 아
미리다 비가란다 가미니 가가나
깃다가례 사바하

004 나무 아미다바야 다타가다야 다
디야타 아미리도 바비 아미리다
싯담바비 아미리다 비가란제 아
미리다 비가란다 가미니 가가나
깃다가례 사바하

005 나무 아미다바야 다타가다야 다
디야타 아미리도 바비 아미리다
싯담바비 아미리다 비가란제 아
미리다 비가란다 가미니 가가나
깃다가례 사바하

006 나무 아미다바야 다타가다야 다
디야타 아미리도 바비 아미리다
싯담바비 아미리다 비가란제 아
미리다 비가란다 가미니 가가나
깃다가례 사바하

007 나무 아미다바야 다타가다야 다
디야타 아미리도 바비 아미리다
싯담바비 아미리다 비가란제 아
미리다 비가란다 가미니 가가나
깃다가례 사바하

008 나무 아미다바야 다타가다야 다
디야타 아미리도 바비 아미리다
싯담바비 아미리다 비가란제 아
미리다 비가란다 가미니 가가나
깃다가례 사바하

009 나무 아미다바야 다타가다야 다
디야타 아미리도 바비 아미리다
싯담바비 아미리다 비가란제 아
미리다 비가란다 가미니 가가나
깃다가례 사바하

010 나무 아미다바야 다타가다야 다
디야타 아미리도 바비 아미리다
싯담바비 아미리다 비가란제 아
미리다 비가란다 가미니 가가나
깃다가례 사바하

011 나무 아미다바야 다타가다야 다
디야타 아미리도 바비 아미리다
싯담바비 아미리다 비가란제 아
미리다 비가란다 가미니 가가나
깃다가례 사바하

012 나무 아미다바야 다타가다야 다
디야타 아미리도 바비 아미리다
싯담바비 아미리다 비가란제 아
미리다 비가란다 가미니 가가나
깃다가례 사바하

013 나무 아미다바야 다타가다야 다
디야타 아미리도 바비 아미리다
싯담바비 아미리다 비가란제 아
미리다 비가란다 가미니 가가나
깃다가례 사바하

014 나무 아미다바야 다타가다야 다
디야타 아미리도 바비 아미리다
싯담바비 아미리다 비가란제 아
미리다 비가란다 가미니 가가나
깃다가례 사바하

015
나무 아미다바야 다타가다야 다
디야라 아미리도 바비 아미리다
싯담바비 아미리다 비가란제 아
미리다 비가란다 가미니 가가나
깃다가례 사바하

016
나무 아미다바야 다타가다야 다
디야라 아미리도 바비 아미리다
싯담바비 아미리다 비가란제 아
미리다 비가란다 가미니 가가나
깃다가례 사바하

017
나무 아미다바야 다타가다야 다
디야라 아미리도 바비 아미리다
싯담바비 아미리다 비가란제 아
미리다 비가란다 가미니 가가나
깃다가례 사바하

018 나무 아미다바야 다라가다야 다
디야타 아미리도 바비 아미리다
싯담바비 아미리다 비가란제 아
미리다 비가란다 가미니 가가나
깃다가례 사바하

019 나무 아미다바야 다라가다야 다
디야타 아미리도 바비 아미리다
싯담바비 아미리다 비가란제 아
미리다 비가란다 가미니 가가나
깃다가례 사바하

020 나무 아미다바야 다라가다야 다
디야타 아미리도 바비 아미리다
싯담바비 아미리다 비가란제 아
미리다 비가란다 가미니 가가나
깃다가례 사바하

021 나무 아미다바야 다타가다야 다
디야타 아미리도 바비 아미리다
싯담바비 아미리다 비가란제 아
미리다 비가란다 가미니 가가나
깃다가례 사바하

022 나무 아미다바야 다타가다야 다
디야타 아미리도 바비 아미리다
싯담바비 아미리다 비가란제 아
미리다 비가란다 가미니 가가나
깃다가례 사바하

023 나무 아미다바야 다타가다야 다
디야타 아미리도 바비 아미리다
싯담바비 아미리다 비가란제 아
미리다 비가란다 가미니 가가나
깃다가례 사바하

024 나무 아미다바야 다타가다야 다
디야타 아미리도 바비 아미리다
싯담바비 아미리다 비가란제 아
미리다 비가란다 가미니 가가나
깃다가례 사바하

025 나무 아미다바야 다타가다야 다
디야타 아미리도 바비 아미리다
싯담바비 아미리다 비가란제 아
미리다 비가란다 가미니 가가나
깃다가례 사바하

026 나무 아미다바야 다타가다야 다
디야타 아미리도 바비 아미리다
싯담바비 아미리다 비가란제 아
미리다 비가란다 가미니 가가나
깃다가례 사바하

027 나무 아미다바야 다타가다야 다
디야타 아미리도 바비 아미리다
싯담바비 아미리다 비가란제 아
미리다 비가란다 가미니 가가나
깃다가례 사바하

028 나무 아미다바야 다타가다야 다
디야타 아미리도 바비 아미리다
싯담바비 아미리다 비가란제 아
미리다 비가란다 가미니 가가나
깃다가례 사바하

029 나무 아미다바야 다타가다야 다
디야타 아미리도 바비 아미리다
싯담바비 아미리다 비가란제 아
미리다 비가란다 가미니 가가나
깃다가례 사바하

030 나무 아미다바야 다타가다야 다
디야타 아미리도 바비 아미리다
싯담바비 아미리다 비가란체 아
미리다 비가란다 가미니 가가나
깃다가례 사바하

031 나무 아미다바야 다타가다야 다
디야타 아미리도 바비 아미리다
싯담바비 아미리다 비가란체 아
미리다 비가란다 가미니 가가나
깃다가례 사바하

032 나무 아미다바야 다타가다야 다
디야타 아미리도 바비 아미리다
싯담바비 아미리다 비가란체 아
미리다 비가란다 가미니 가가나
깃다가례 사바하

033 나무 아미다바야 다타가다야 다
디야타 아미리도 바비 아미리다
싯담바비 아미리다 비가란제 아
미리다 비가란다 가미니 가가나
깃다가례 사바하

034 나무 아미다바야 다타가다야 다
디야타 아미리도 바비 아미리다
싯담바비 아미리다 비가란제 아
미리다 비가란다 가미니 가가나
깃다가례 사바하

035 나무 아미다바야 다타가다야 다
디야타 아미리도 바비 아미리다
싯담바비 아미리다 비가란제 아
미리다 비가란다 가미니 가가나
깃다가례 사바하

036 나무 아미다바야 다라가다야 다
디야타 아미리도 바비 아미리다
싯담바비 아미리다 비가란제 아
미리다 비가란다 가미니 가가나
깃다가례 사바하

001 나무 아미다바야 다라가다야 다
디야타 아미리도 바비 아미리다
싯담바비 아미리다 비가란제 아
미리다 비가란다 가미니 가가나
깃다가례 사바하

038 나무 아미다바야 다라가다야 다
디야타 아미리도 바비 아미리다
싯담바비 아미리다 비가란제 아
미리다 비가란다 가미니 가가나
깃다가례 사바하

039 나무 아미다바야 다라가다야 다
디야타 아미리도 바비 아미리다
싯담바비 아미리다 비가란제 아
미리다 비가란다 가미니 가가나
깃다가례 사바하

040 나무 아미다바야 다라가다야 다
디야타 아미리도 바비 아미리다
싯담바비 아미리다 비가란제 아
미리다 비가란다 가미니 가가나
깃다가례 사바하

041 나무 아미다바야 다라가다야 다
디야타 아미리도 바비 아미리다
싯담바비 아미리다 비가란제 아
미리다 비가란다 가미니 가가나
깃다가례 사바하

042 나무 아미다바야 다타가다야 다
디야타 아미리도 바비 아미리다
싯담바비 아미리다 비가란제 아
미리다 비가란다 가미니 가가나
깃다가례 사바하

043 나무 아미다바야 다타가다야 다
디야타 아미리도 바비 아미리다
싯담바비 아미리다 비가란제 아
미리다 비가란다 가미니 가가나
깃다가례 사바하

044 나무 아미다바야 다타가다야 다
디야타 아미리도 바비 아미리다
싯담바비 아미리다 비가란제 아
미리다 비가란다 가미니 가가나
깃다가례 사바하

045 나무 아미다바야 다타가다야 다
디야타 아미리도 바비 아미리다
싯담바비 아미리다 비가란제 아
미리다 비가란다 가미니 가가나
깃다가례 사바하

046 나무 아미다바야 다타가다야 다
디야타 아미리도 바비 아미리다
싯담바비 아미리다 비가란제 아
미리다 비가란다 가미니 가가나
깃다가례 사바하

047 나무 아미다바야 다타가다야 다
디야타 아미리도 바비 아미리다
싯담바비 아미리다 비가란제 아
미리다 비가란다 가미니 가가나
깃다가례 사바하

048
나무 아미다바야 다타가다야 다
디야타 아미리도 바비 아미리다
싯담바비 아미리다 비가란제 아
미리다 비가란다 가미니 가가나
깃다가례 사바하

049
나무 아미다바야 다타가다야 다
디야타 아미리도 바비 아미리다
싯담바비 아미리다 비가란제 아
미리다 비가란다 가미니 가가나
깃다가례 사바하

050
나무 아미다바야 다타가다야 다
디야타 아미리도 바비 아미리다
싯담바비 아미리다 비가란제 아
미리다 비가란다 가미니 가가나
깃다가례 사바하

나무 아미다바야 다타가다야 다
디야타 아미리도 바비 아미리다
싯담바비 아미리다 비가란제 아
미리다 비가란다 가미니 가가나
깃다가례 사바하

나무 아미다바야 다타가다야 다
디야타 아미리도 바비 아미리다
싯담바비 아미리다 비가란제 아
미리다 비가란다 가미니 가가나
깃다가례 사바하

나무 아미다바야 다타가다야 다
디야타 아미리도 바비 아미리다
싯담바비 아미리다 비가란제 아
미리다 비가란다 가미니 가가나
깃다가례 사바하

054 나무 아미다바야 다타가다야 다
디야타 아미리도 바비 아미리다
싯담바비 아미리다 비가란제 아
미리다 비가란다 가미니 가가나
깃다가례 사바하

055 나무 아미다바야 다타가다야 다
디야타 아미리도 바비 아미리다
싯담바비 아미리다 비가란제 아
미리다 비가란다 가미니 가가나
깃다가례 사바하

056 나무 아미다바야 다타가다야 다
디야타 아미리도 바비 아미리다
싯담바비 아미리다 비가란제 아
미리다 비가란다 가미니 가가나
깃다가례 사바하

057 나무 아미다바야 다타가다야 다
디야타 아미리도 바비 아미리다
싯담바비 아미리다 비가란제 아
미리다 비가란다 가미니 가가나
깃다가례 사바하

058 나무 아미다바야 다타가다야 다
디야타 아미리도 바비 아미리다
싯담바비 아미리다 비가란제 아
미리다 비가란다 가미니 가가나
깃다가례 사바하

059 나무 아미다바야 다타가다야 다
디야타 아미리도 바비 아미리다
싯담바비 아미리다 비가란제 아
미리다 비가란다 가미니 가가나
깃다가례 사바하

060
나무 아미다바야 다타가다야 다
디야타 아미리도 바비 아미리다
싯담바비 아미리다 비가란제 아
미리다 비가란다 가미니 가가나
깃다가례 사바하

061
나무 아미다바야 다타가다야 다
디야타 아미리도 바비 아미리다
싯담바비 아미리다 비가란제 아
미리다 비가란다 가미니 가가나
깃다가례 사바하

062
나무 아미다바야 다타가다야 다
디야타 아미리도 바비 아미리다
싯담바비 아미리다 비가란제 아
미리다 비가란다 가미니 가가나
깃다가례 사바하

063 나무 아미다바야 다라가다야 다
디야타 아미리도 바비 아미리다
싯담바비 아미리다 비가란제 아
미리다 비가란다 가미니 가가나
깃다가례 사바하

064 나무 아미다바야 다라가다야 다
디야타 아미리도 바비 아미리다
싯담바비 아미리다 비가란제 아
미리다 비가란다 가미니 가가나
깃다가례 사바하

065 나무 아미다바야 다라가다야 다
디야타 아미리도 바비 아미리다
싯담바비 아미리다 비가란제 아
미리다 비가란다 가미니 가가나
깃다가례 사바하

066 나무 아미다바야 다타가다야 다
디야타 아미리도 바비 아미리다
싯담바비 아미리다 비가란제 아
미리다 비가란다 가미니 가가나
깃다가례 사바하

067 나무 아미다바야 다타가다야 다
디야타 아미리도 바비 아미리다
싯담바비 아미리다 비가란제 아
미리다 비가란다 가미니 가가나
깃다가례 사바하

068 나무 아미다바야 다타가다야 다
디야타 아미리도 바비 아미리다
싯담바비 아미리다 비가란제 아
미리다 비가란다 가미니 가가나
깃다가례 사바하

069 나무 아미다바야 다타가다야 다
디야타 아미리도 바비 아미리다
싯담바비 아미리다 비가란제 아
미리다 비가란다 가미니 가가나
깃다가례 사바하

070 나무 아미다바야 다타가다야 다
디야타 아미리도 바비 아미리다
싯담바비 아미리다 비가란제 아
미리다 비가란다 가미니 가가나
깃다가례 사바하

071 나무 아미다바야 다타가다야 다
디야타 아미리도 바비 아미리다
싯담바비 아미리다 비가란제 아
미리다 비가란다 가미니 가가나
깃다가례 사바하

072 나무 아미다바야 다라가다야 다
디야타 아미리도 바비 아미리다
싯담바비 아미리다 비가란제 아
미리다 비가란다 가미니 가가나
깃다가례 사바하

073 나무 아미다바야 다라가다야 다
디야타 아미리도 바비 아미리다
싯담바비 아미리다 비가란제 아
미리다 비가란다 가미니 가가나
깃다가례 사바하

074 나무 아미다바야 다라가다야 다
디야타 아미리도 바비 아미리다
싯담바비 아미리다 비가란제 아
미리다 비가란다 가미니 가가나
깃다가례 사바하

075 나무 아미다바야 다타가다야 다
디야타 아미리도 바비 아미리다
싯담바비 아미리다 비가란제 아
미리다 비가란다 가미니 가가나
깃다가례 사바하

076 나무 아미다바야 다타가다야 다
디야타 아미리도 바비 아미리다
싯담바비 아미리다 비가란제 아
미리다 비가란다 가미니 가가나
깃다가례 사바하

077 나무 아미다바야 다타가다야 다
디야타 아미리도 바비 아미리다
싯담바비 아미리다 비가란제 아
미리다 비가란다 가미니 가가나
깃다가례 사바하

078
나무 아미다바야 다타가다야 다
디야타 아미리도 바비 아미리다
싯담바비 아미리다 비가란제 아
미리다 비가란다 가미니 가가나
깃다가례 사바하

079
나무 아미다바야 다타가다야 다
디야타 아미리도 바비 아미리다
싯담바비 아미리다 비가란제 아
미리다 비가란다 가미니 가가나
깃다가례 사바하

080
나무 아미다바야 다타가다야 다
디야타 아미리도 바비 아미리다
싯담바비 아미리다 비가란제 아
미리다 비가란다 가미니 가가나
깃다가례 사바하

081 나무 아미다바야 다타가다야 다
디야타 아미리도 바비 아미리다
싯담바비 아미리다 비가란제 아
미리다 비가란다 가미니 가가나
깃다가례 사바하

082 나무 아미다바야 다타가다야 다
디야타 아미리도 바비 아미리다
싯담바비 아미리다 비가란제 아
미리다 비가란다 가미니 가가나
깃다가례 사바하

083 나무 아미다바야 다타가다야 다
디야타 아미리도 바비 아미리다
싯담바비 아미리다 비가란제 아
미리다 비가란다 가미니 가가나
깃다가례 사바하

084
나무 아미다바야 다타가다야 다
디야타 아미리도 바비 아미리다
싯담바비 아미리다 비가란제 아
미리다 비가란다 가미니 가가나
깃다가례 사바하

085
나무 아미다바야 다타가다야 다
디야타 아미리도 바비 아미리다
싯담바비 아미리다 비가란제 아
미리다 비가란다 가미니 가가나
깃다가례 사바하

086
나무 아미다바야 다타가다야 다
디야타 아미리도 바비 아미리다
싯담바비 아미리다 비가란제 아
미리다 비가란다 가미니 가가나
깃다가례 사바하

087 나무 아미다바야 다타가다야 다
디야타 아미리도 바비 아미리다
싯담바비 아미리다 비가란제 아
미리다 비가란다 가미니 가가나
깃다가례 사바하

088 나무 아미다바야 다타가다야 다
디야타 아미리도 바비 아미리다
싯담바비 아미리다 비가란제 아
미리다 비가란다 가미니 가가나
깃다가례 사바하

089 나무 아미다바야 다타가다야 다
디야타 아미리도 바비 아미리다
싯담바비 아미리다 비가란제 아
미리다 비가란다 가미니 가가나
깃다가례 사바하

090 나무 아미다바야 다타가다야 다
디야타 아미리도 바비 아미리다
싯담바비 아미리다 비가란제 아
미리다 비가란다 가미니 가가나
깃다가례 사바하

091 나무 아미다바야 다타가다야 다
디야타 아미리도 바비 아미리다
싯담바비 아미리다 비가란제 아
미리다 비가란다 가미니 가가나
깃다가례 사바하

092 나무 아미다바야 다타가다야 다
디야타 아미리도 바비 아미리다
싯담바비 아미리다 비가란제 아
미리다 비가란다 가미니 가가나
깃다가례 사바하

093 나무 아미다바야 다라가다야 다
디야타 아미리도 바비 아미리다
싯담바비 아미리다 비가란제 아
미리다 비가란다 가미니 가가나
깃다가례 사바하

094 나무 아미다바야 다라가다야 다
디야타 아미리도 바비 아미리다
싯담바비 아미리다 비가란제 아
미리다 비가란다 가미니 가가나
깃다가례 사바하

095 나무 아미다바야 다라가다야 다
디야타 아미리도 바비 아미리다
싯담바비 아미리다 비가란제 아
미리다 비가란다 가미니 가가나
깃다가례 사바하

096 나무 아미다바야 다라가다야 다
디야타 아미리도 바비 아미리다
싯담바비 아미리다 비가란제 아
미리다 비가란다 가미니 가가나
깃다가례 사바하

097 나무 아미다바야 다라가다야 다
디야타 아미리도 바비 아미리다
싯담바비 아미리다 비가란제 아
미리다 비가란다 가미니 가가나
깃다가례 사바하

098 나무 아미다바야 다라가다야 다
디야타 아미리도 바비 아미리다
싯담바비 아미리다 비가란제 아
미리다 비가란다 가미니 가가나
깃다가례 사바하

099 나무 아미다바야 다라가다야 다
디야타 아미리도 바비 아미리다
싯담바비 아미리다 비가란제 아
미리다 비가란다 가미니 가가나
깃다가례 사바하

100 나무 아미다바야 다라가다야 다
디야타 아미리도 바비 아미리다
싯담바비 아미리다 비가란제 아
미리다 비가란다 가미니 가가나
깃다가례 사바하

101 나무 아미다바야 다라가다야 다
디야타 아미리도 바비 아미리다
싯담바비 아미리다 비가란제 아
미리다 비가란다 가미니 가가나
깃다가례 사바하

102 나무 아미다바야 다타가다야 다
디야타 아미리도 바비 아미리다
싯담바비 아미리다 비가란제 아
미리다 비가란다 가미니 가가나
깃다가례 사바하

103 나무 아미다바야 다타가다야 다
디야타 아미리도 바비 아미리다
싯담바비 아미리다 비가란제 아
미리다 비가란다 가미니 가가나
깃다가례 사바하

104 나무 아미다바야 다타가다야 다
디야타 아미리도 바비 아미리다
싯담바비 아미리다 비가란제 아
미리다 비가란다 가미니 가가나
깃다가례 사바하

105 나무 아미다바야 다타가다야 다
디야타 아미리도 바비 아미리다
싯담바비 아미리다 비가란제 아
미리다 비가란다 가미니 가가나
깃다가례 사바하

106 나무 아미다바야 다타가다야 다
디야타 아미리도 바비 아미리다
싯담바비 아미리다 비가란제 아
미리다 비가란다 가미니 가가나
깃다가례 사바하

107 나무 아미다바야 다타가다야 다
디야타 아미리도 바비 아미리다
싯담바비 아미리다 비가란제 아
미리다 비가란다 가미니 가가나
깃다가례 사바하

108 나무 아미다바야 다타가다야 다
디야타 아미리도 바비 아미리다
싯담바비 아미리다 비가란제 아
미리다 비가란다 가미니 가가나
깃다가례 사바하

109 나무 아미다바야 다타가다야 다
디야타 아미리도 바비 아미리다
싯담바비 아미리다 비가란제 아
미리다 비가란다 가미니 가가나
깃다가례 사바하

110 나무 아미다바야 다타가다야 다
디야타 아미리도 바비 아미리다
싯담바비 아미리다 비가란제 아
미리다 비가란다 가미니 가가나
깃다가례 사바하

111 나무 아미다바야 다타가다야 다
디야타 아미리도 바비 아미리다
싯담바비 아미리다 비가란제 아
미리다 비가란다 가미니 가가나
깃다가례 사바하

112 나무 아미다바야 다타가다야 다
디야타 아미리도 바비 아미리다
싯담바비 아미리다 비가란제 아
미리다 비가란다 가미니 가가나
깃다가례 사바하

113 나무 아미다바야 다타가다야 다
디야타 아미리도 바비 아미리다
싯담바비 아미리다 비가란제 아
미리다 비가란다 가미니 가가나
깃다가례 사바하

114 나무 아미다바야 다라가다야 다
디야타 아미리도 바비 아미리다
싯담바비 아미리다 비가란제 아
미리다 비가란다 가미니 가가나
깃다가례 사바하

115 나무 아미다바야 다라가다야 다
디야타 아미리도 바비 아미리다
싯담바비 아미리다 비가란제 아
미리다 비가란다 가미니 가가나
깃다가례 사바하

116 나무 아미다바야 다라가다야 다
디야타 아미리도 바비 아미리다
싯담바비 아미리다 비가란제 아
미리다 비가란다 가미니 가가나
깃다가례 사바하

117 나무 아미다바야 다타가다야 다
디야타 아미리도 바비 아미리다
싯담바비 아미리다 비가란제 아
미리다 비가란다 가미니 가가나
깃다가례 사바하

118 나무 아미다바야 다타가다야 다
디야타 아미리도 바비 아미리다
싯담바비 아미리다 비가란제 아
미리다 비가란다 가미니 가가나
깃다가례 사바하

119 나무 아미다바야 다타가다야 다
디야타 아미리도 바비 아미리다
싯담바비 아미리다 비가란제 아
미리다 비가란다 가미니 가가나
깃다가례 사바하

120
나무 아미다바야 다라가다야 다
디야타 아미리도 바비 아미리다
싯담바비 아미리다 비가란제 아
미리다 비가란다 가미니 가가나
깃다가례 사바하

121
나무 아미다바야 다라가다야 다
디야타 아미리도 바비 아미리다
싯담바비 아미리다 비가란제 아
미리다 비가란다 가미니 가가나
깃다가례 사바하

122
나무 아미다바야 다라가다야 다
디야타 아미리도 바비 아미리다
싯담바비 아미리다 비가란제 아
미리다 비가란다 가미니 가가나
깃다가례 사바하

123 나무 아미다바야 다라가다야 다
디야타 아미리도 바비 아미리다
싯담바비 아미리다 비가란제 아
미리다 비가란다 가미니 가가나
깃다가례 사바하

124 나무 아미다바야 다라가다야 다
디야타 아미리도 바비 아미리다
싯담바비 아미리다 비가란제 아
미리다 비가란다 가미니 가가나
깃다가례 사바하

125 나무 아미다바야 다라가다야 다
디야타 아미리도 바비 아미리다
싯담바비 아미리다 비가란제 아
미리다 비가란다 가미니 가가나
깃다가례 사바하

126 나무 아미다바야 다라가다야 다
디야타 아미리도 바비 아미리다
싯담바비 아미리다 비가란제 아
미리다 비가란다 가미니 가가나
깃다가례 사바하

127 나무 아미다바야 다라가다야 다
디야타 아미리도 바비 아미리다
싯담바비 아미리다 비가란제 아
미리다 비가란다 가미니 가가나
깃다가례 사바하

128 나무 아미다바야 다라가다야 다
디야타 아미리도 바비 아미리다
싯담바비 아미리다 비가란제 아
미리다 비가란다 가미니 가가나
깃다가례 사바하

129 나무 아미다바야 다타가다야 다
디야타 아미리도 바비 아미리다
싯담바비 아미리다 비가란제 아
미리다 비가란다 가미니 가가나
깃다가례 사바하

130 나무 아미다바야 다타가다야 다
디야타 아미리도 바비 아미리다
싯담바비 아미리다 비가란제 아
미리다 비가란다 가미니 가가나
깃다가례 사바하

131 나무 아미다바야 다타가다야 다
디야타 아미리도 바비 아미리다
싯담바비 아미리다 비가란제 아
미리다 비가란다 가미니 가가나
깃다가례 사바하

132 나무 아미다바야 다라가다야 다
디야타 아미리도 바비 아미리다
싯담바비 아미리다 비가란제 아
미리다 비가란다 가미니 가가나
깃다가례 사바하

133 나무 아미다바야 다라가다야 다
디야타 아미리도 바비 아미리다
싯담바비 아미리다 비가란제 아
미리다 비가란다 가미니 가가나
깃다가례 사바하

134 나무 아미다바야 다라가다야 다
디야타 아미리도 바비 아미리다
싯담바비 아미리다 비가란제 아
미리다 비가란다 가미니 가가나
깃다가례 사바하

135 나무 아미다바야 다타가다야 다
디야타 아미리도 바비 아미리다
싯담바비 아미리다 비가란제 아
미리다 비가란다 가미니 가가나
깃다가례 사바하

136 나무 아미다바야 다타가다야 다
디야타 아미리도 바비 아미리다
싯담바비 아미리다 비가란제 아
미리다 비가란다 가미니 가가나
깃다가례 사바하

137 나무 아미다바야 다타가다야 다
디야타 아미리도 바비 아미리다
싯담바비 아미리다 비가란제 아
미리다 비가란다 가미니 가가나
깃다가례 사바하

138
나무 아미다바야 다라가다야 다
디야타 아미리도 바비 아미리다
싯담바비 아미리다 비가란제 아
미리다 비가란다 가미니 가가나
깃다가례 사바하

139
나무 아미다바야 다라가다야 다
디야타 아미리도 바비 아미리다
싯담바비 아미리다 비가란제 아
미리다 비가란다 가미니 가가나
깃다가례 사바하

140
나무 아미다바야 다라가다야 다
디야타 아미리도 바비 아미리다
싯담바비 아미리다 비가란제 아
미리다 비가란다 가미니 가가나
깃다가례 사바하

141 나무 아미다바야 다라가다야 다
디야타 아미리도 바비 아미리다
싯담바비 아미리다 비가란제 아
미리다 비가란다 가미니 가가나
깃다가례 사바하

142 나무 아미다바야 다라가다야 다
디야타 아미리도 바비 아미리다
싯담바비 아미리다 비가란제 아
미리다 비가란다 가미니 가가나
깃다가례 사바하

143 나무 아미다바야 다라가다야 다
디야타 아미리도 바비 아미리다
싯담바비 아미리다 비가란제 아
미리다 비가란다 가미니 가가나
깃다가례 사바하

144 나무 아미다바야 다라가다야 다
디야타 아미리도 바비 아미리다
싯담바비 아미리다 비가란제 아
미리다 비가란다 가미니 가가나
깃다가례 사바하

145 나무 아미다바야 다라가다야 다
디야타 아미리도 바비 아미리다
싯담바비 아미리다 비가란제 아
미리다 비가란다 가미니 가가나
깃다가례 사바하

146 나무 아미다바야 다라가다야 다
디야타 아미리도 바비 아미리다
싯담바비 아미리다 비가란제 아
미리다 비가란다 가미니 가가나
깃다가례 사바하

147 나무 아미다바야 다라가다야 다
디야타 아미리도 바비 아미리다
싯담바비 아미리다 비가란제 아
미리다 비가란다 가미니 가가나
깃다가례 사바하

148 나무 아미다바야 다라가다야 다
디야타 아미리도 바비 아미리다
싯담바비 아미리다 비가란제 아
미리다 비가란다 가미니 가가나
깃다가례 사바하

149 나무 아미다바야 다라가다야 다
디야타 아미리도 바비 아미리다
싯담바비 아미리다 비가란제 아
미리다 비가란다 가미니 가가나
깃다가례 사바하

150 나무 아미다바야 다타가다야 다
디야타 아미리도 바비 아미리다
싯담바비 아미리다 비가란제 아
미리다 비가란다 가미니 가가나
깃다가례 사바하

151 나무 아미다바야 다타가다야 다
디야타 아미리도 바비 아미리다
싯담바비 아미리다 비가란제 아
미리다 비가란다 가미니 가가나
깃다가례 사바하

152 나무 아미다바야 다타가다야 다
디야타 아미리도 바비 아미리다
싯담바비 아미리다 비가란제 아
미리다 비가란다 가미니 가가나
깃다가례 사바하

153 나무 아미다바야 다타가다야 다
디야타 아미리도 바비 아미리다
싯담바비 아미리다 비가란제 아
미리다 비가란다 가미니 가가나
깃다가례 사바하

154 나무 아미다바야 다타가다야 다
디야타 아미리도 바비 아미리다
싯담바비 아미리다 비가란제 아
미리다 비가란다 가미니 가가나
깃다가례 사바하

155 나무 아미다바야 다타가다야 다
디야타 아미리도 바비 아미리다
싯담바비 아미리다 비가란제 아
미리다 비가란다 가미니 가가나
깃다가례 사바하

156 나무 아미다바야 다타가다야 다
디야타 아미리도 바비 아미리다
싯담바비 아미리다 비가란제 아
미리다 비가란다 가미니 가가나
깃다가례 사바하

157 나무 아미다바야 다타가다야 다
디야타 아미리도 바비 아미리다
싯담바비 아미리다 비가란제 아
미리다 비가란다 가미니 가가나
깃다가례 사바하

158 나무 아미다바야 다타가다야 다
디야타 아미리도 바비 아미리다
싯담바비 아미리다 비가란제 아
미리다 비가란다 가미니 가가나
깃다가례 사바하

159 나무 아미다바야 다타가다야 다
디야타 아미리도 바비 아미리다
싯담바비 아미리다 비가란제 아
미리다 비가란다 가미니 가가나
깃다가례 사바하

160 나무 아미다바야 다타가다야 다
디야타 아미리도 바비 아미리다
싯담바비 아미리다 비가란제 아
미리다 비가란다 가미니 가가나
깃다가례 사바하

보회향진언

옴 삼마라 삼마라 미만나 사라마
하 자가라바 훔

결정왕생정토決定往生淨土진언

나무 사만다 못다남 옴 아마리 다바볘 사바하

나무 사만다 못다남 옴 아마리 다
바볘 사바하

나무 사만다 못다남 옴 아마리 다
바볘 사바하

나무 사만다 못다남 옴 아마리 다
바볘 사바하

나무 사만다 못다남 옴 아마리 다
바볘 사바하

나무 사만다 못다남 옴 아마리 다
바볘 사바하

나무 사만다 못다남 옴 아마리 다
바볘 사바하

006

나무 사만다 못다남 옴 아마리 다
바볘 사바하

나무 사만다 못다남 옴 아마리 다
바볘 사바하

나무 사만다 못다남 옴 아마리 다
바볘 사바하

나무 사만다 못다남 옴 아마리 다
바볘 사바하

나무 사만다 못다남 옴 아마리 다
바볘 사바하

나무 사만다 못다남 옴 아마리 다
바볘 사바하

나무 사만다 못다남 옴 아마리 다
바볘 사바하

나무 사만다 못다남 옴 아마리 다
바베 사바하

나무 사만다 못다남 옴 아마리 다
바베 사바하

나무 사만다 못다남 옴 아마리 다
바베 사바하

나무 사만다 못다남 옴 아마리 다
바베 사바하

나무 사만다 못다남 옴 아마리 다
바베 사바하

나무 사만다 못다남 옴 아마리 다
바베 사바하

나무 사만다 못다남 옴 아마리 다
바베 사바하

020

나무 사만다 못다남 옴 아마리 다
바베 사바하

나무 사만다 못다남 옴 아마리 다
바베 사바하

나무 사만다 못다남 옴 아마리 다
바베 사바하

나무 사만다 못다남 옴 아마리 다
바베 사바하

나무 사만다 못다남 옴 아마리 다
바베 사바하

나무 사만다 못다남 옴 아마리 다
바베 사바하

나무 사만다 못다남 옴 아마리 다
바베 사바하

나무 사만다 못다남 옴 아마리 다
바베 사바하

나무 사만다 못다남 옴 아마리 다
바베 사바하

나무 사만다 못다남 옴 아마리 다
바베 사바하

나무 사만다 못다남 옴 아마리 다
바베 사바하

나무 사만다 못다남 옴 아마리 다
바베 사바하

나무 사만다 못다남 옴 아마리 다
바베 사바하

나무 사만다 못다남 옴 아마리 다
바베 사바하

034

나무 사만다 못다남 옴 아마리 다
바베 사바하

나무 사만다 못다남 옴 아마리 다
바베 사바하

나무 사만다 못다남 옴 아마리 다
바베 사바하

나무 사만다 못다남 옴 아마리 다
바베 사바하

나무 사만다 못다남 옴 아마리 다
바베 사바하

나무 사만다 못다남 옴 아마리 다
바베 사바하

나무 사만다 못다남 옴 아마리 다
바베 사바하

나무 사만다 못다남 옴 아마리 다
바볘 사바하

나무 사만다 못다남 옴 아마리 다
바볘 사바하

나무 사만다 못다남 옴 아마리 다
바볘 사바하

나무 사만다 못다남 옴 아마리 다
바볘 사바하

나무 사만다 못다남 옴 아마리 다
바볘 사바하

나무 사만다 못다남 옴 아마리 다
바볘 사바하

나무 사만다 못다남 옴 아마리 다
바볘 사바하

나무 사만다 못다남 옴 아마리 다
바베 사바하

나무 사만다 못다남 옴 아마리 다
바베 사바하

나무 사만다 못다남 옴 아마리 다
바베 사바하

나무 사만다 못다남 옴 아마리 다
바베 사바하

나무 사만다 못다남 옴 아마리 다
바베 사바하

나무 사만다 못다남 옴 아마리 다
바베 사바하

나무 사만다 못다남 옴 아마리 다
바베 사바하

나무 사만다 못다남 옴 아마리 다
바베 사바하

나무 사만다 못다남 옴 아마리 다
바베 사바하

나무 사만다 못다남 옴 아마리 다
바베 사바하

나무 사만다 못다남 옴 아마리 다
바베 사바하

나무 사만다 못다남 옴 아마리 다
바베 사바하

나무 사만다 못다남 옴 아마리 다
바베 사바하

나무 사만다 못다남 옴 아마리 다
바베 사바하

062

나무 사만다 못다남 옴 아마리 다
바베 사바하

나무 사만다 못다남 옴 아마리 다
바베 사바하

나무 사만다 못다남 옴 아마리 다
바베 사바하

나무 사만다 못다남 옴 아마리 다
바베 사바하

나무 사만다 못다남 옴 아마리 다
바베 사바하

나무 사만다 못다남 옴 아마리 다
바베 사바하

나무 사만다 못다남 옴 아마리 다
바베 사바하

나무 사만다 못다남 옴 아마리 다
바베 사바하

나무 사만다 못다남 옴 아마리 다
바베 사바하

나무 사만다 못다남 옴 아마리 다
바베 사바하

나무 사만다 못다남 옴 아마리 다
바베 사바하

나무 사만다 못다남 옴 아마리 다
바베 사바하

나무 사만다 못다남 옴 아마리 다
바베 사바하

나무 사만다 못다남 옴 아마리 다
바베 사바하

나무 사만다 못다남 옴 아마리 다
바베 사바하

나무 사만다 못다남 옴 아마리 다
바베 사바하

나무 사만다 못다남 옴 아마리 다
바베 사바하

나무 사만다 못다남 옴 아마리 다
바베 사바하

나무 사만다 못다남 옴 아마리 다
바베 사바하

나무 사만다 못다남 옴 아마리 다
바베 사바하

나무 사만다 못다남 옴 아마리 다
바베 사바하

나무 사만다 못다남 옴 아마리 다
바베 사바하

나무 사만다 못다남 옴 아마리 다
바베 사바하

나무 사만다 못다남 옴 아마리 다
바베 사바하

나무 사만다 못다남 옴 아마리 다
바베 사바하

나무 사만다 못다남 옴 아마리 다
바베 사바하

나무 사만다 못다남 옴 아마리 다
바베 사바하

나무 사만다 못다남 옴 아마리 다
바베 사바하

나무 사만다 못다남 옴 아마리 다
바베 사바하

나무 사만다 못다남 옴 아마리 다
바베 사바하

나무 사만다 못다남 옴 아마리 다
바베 사바하

나무 사만다 못다남 옴 아마리 다
바베 사바하

나무 사만다 못다남 옴 아마리 다
바베 사바하

나무 사만다 못다남 옴 아마리 다
바베 사바하

나무 사만다 못다남 옴 아마리 다
바베 사바하

나무 사만다 못다남 옴 아마리 다
바볘 사바하

나무 사만다 못다남 옴 아마리 다
바볘 사바하

나무 사만다 못다남 옴 아마리 다
바볘 사바하

나무 사만다 못다남 옴 아마리 다
바볘 사바하

나무 사만다 못다남 옴 아마리 다
바볘 사바하

나무 사만다 못다남 옴 아마리 다
바볘 사바하

나무 사만다 못다남 옴 아마리 다
바볘 사바하

104

나무 사만다 못다남 옴 아마리 다
바베 사바하

나무 사만다 못다남 옴 아마리 다
바베 사바하

나무 사만다 못다남 옴 아마리 다
바베 사바하

나무 사만다 못다남 옴 아마리 다
바베 사바하

나무 사만다 못다남 옴 아마리 다
바베 사바하

나무 사만다 못다남 옴 아마리 다
바베 사바하

나무 사만다 못다남 옴 아마리 다
바베 사바하

111

나무 사만다 못다남 옴 아마리 다
바볘 사바하

나무 사만다 못다남 옴 아마리 다
바볘 사바하

나무 사만다 못다남 옴 아마리 다
바볘 사바하

나무 사만다 못다남 옴 아마리 다
바볘 사바하

나무 사만다 못다남 옴 아마리 다
바볘 사바하

나무 사만다 못다남 옴 아마리 다
바볘 사바하

나무 사만다 못다남 옴 아마리 다
바볘 사바하

118

나무 사만다 못다남 옴 아마리 다
바베 사바하

나무 사만다 못다남 옴 아마리 다
바베 사바하

나무 사만다 못다남 옴 아마리 다
바베 사바하

나무 사만다 못다남 옴 아마리 다
바베 사바하

나무 사만다 못다남 옴 아마리 다
바베 사바하

나무 사만다 못다남 옴 아마리 다
바베 사바하

나무 사만다 못다남 옴 아마리 다
바베 사바하

125

나무 사만다 못다남 옴 아마리 다
바베 사바하

나무 사만다 못다남 옴 아마리 다
바베 사바하

나무 사만다 못다남 옴 아마리 다
바베 사바하

나무 사만다 못다남 옴 아마리 다
바베 사바하

나무 사만다 못다남 옴 아마리 다
바베 사바하

나무 사만다 못다남 옴 아마리 다
바베 사바하

나무 사만다 못다남 옴 아마리 다
바베 사바하

132

나무 사만다 못다남 옴 아마리 다
바볘 사바하

나무 사만다 못다남 옴 아마리 다
바볘 사바하

나무 사만다 못다남 옴 아마리 다
바볘 사바하

나무 사만다 못다남 옴 아마리 다
바볘 사바하

나무 사만다 못다남 옴 아마리 다
바볘 사바하

나무 사만다 못다남 옴 아마리 다
바볘 사바하

나무 사만다 못다남 옴 아마리 다
바볘 사바하

139

나무 사만다 못다남 옴 아마리 다
바베 사바하

나무 사만다 못다남 옴 아마리 다
바베 사바하

나무 사만다 못다남 옴 아마리 다
바베 사바하

나무 사만다 못다남 옴 아마리 다
바베 사바하

나무 사만다 못다남 옴 아마리 다
바베 사바하

나무 사만다 못다남 옴 아마리 다
바베 사바하

나무 사만다 못다남 옴 아마리 다
바베 사바하

146

나무 사만다 못다남 옴 아마리 다
바볘 사바하

나무 사만다 못다남 옴 아마리 다
바볘 사바하

나무 사만다 못다남 옴 아마리 다
바볘 사바하

나무 사만다 못다남 옴 아마리 다
바볘 사바하

나무 사만다 못다남 옴 아마리 다
바볘 사바하

나무 사만다 못다남 옴 아마리 다
바볘 사바하

나무 사만다 못다남 옴 아마리 다
바볘 사바하

나무 사만다 못다남 옴 아마리 다
바베 사바하

나무 사만다 못다남 옴 아마리 다
바베 사바하

나무 사만다 못다남 옴 아마리 다
바베 사바하

나무 사만다 못다남 옴 아마리 다
바베 사바하

나무 사만다 못다남 옴 아마리 다
바베 사바하

나무 사만다 못다남 옴 아마리 다
바베 사바하

나무 사만다 못다남 옴 아마리 다
바베 사바하

160

보회향진언

옴 삼마라 삼마라 미만나 사라마
하 자가라바 훔

구생시방정토求生十方淨土진언

옴 기리기리 바아라 볼반다 훔바닥

옴 기리기리 바아라 볼반다 훔바닥
옴 기리기리 바아라 볼반다 훔바닥
옴 기리기리 바아라 볼반다 훔바닥

옴 기리기리 바아라 볼반다 훔바닥
옴 기리기리 바아라 볼반다 훔바닥
옴 기리기리 바아라 볼반다 훔바닥
옴 기리기리 바아라 볼반다 훔바닥
옴 기리기리 바아라 볼반다 훔바닥

옴 기리기리 바아라 볼반다 훔바닥
옴 기리기리 바아라 볼반다 훔바닥
옴 기리기리 바아라 볼반다 훔바닥
옴 기리기리 바아라 볼반다 훔바닥
옴 기리기리 바아라 볼반다 훔바닥

013

옴 기리기리 바아라 볼반다 훔바닥
옴 기리기리 바아라 볼반다 훔바닥
옴 기리기리 바아라 볼반다 훔바닥
옴 기리기리 바아라 볼반다 훔바닥
옴 기리기리 바아라 볼반다 훔바닥

옴 기리기리 바아라 볼반다 훔바닥
옴 기리기리 바아라 볼반다 훔바닥
옴 기리기리 바아라 볼반다 훔바닥
옴 기리기리 바아라 볼반다 훔바닥
옴 기리기리 바아라 볼반다 훔바닥

옴 기리기리 바아라 볼반다 훔바닥
옴 기리기리 바아라 볼반다 훔바닥
옴 기리기리 바아라 볼반다 훔바닥
옴 기리기리 바아라 볼반다 훔바닥
옴 기리기리 바아라 볼반다 훔바닥

028

옴 기리기리 바아라 볼반다 훔바닥
옴 기리기리 바아라 볼반다 훔바닥
옴 기리기리 바아라 볼반다 훔바닥
옴 기리기리 바아라 볼반다 훔바닥
옴 기리기리 바아라 볼반다 훔바닥

옴 기리기리 바아라 볼반다 훔바닥
옴 기리기리 바아라 볼반다 훔바닥
옴 기리기리 바아라 볼반다 훔바닥
옴 기리기리 바아라 볼반다 훔바닥
옴 기리기리 바아라 볼반다 훔바닥

옴 기리기리 바아라 볼반다 훔바닥
옴 기리기리 바아라 볼반다 훔바닥
옴 기리기리 바아라 볼반다 훔바닥
옴 기리기리 바아라 볼반다 훔바닥
옴 기리기리 바아라 볼반다 훔바닥

043

옴 기리기리 바아라 볼반다 훔바닥
옴 기리기리 바아라 볼반다 훔바닥
옴 기리기리 바아라 볼반다 훔바닥
옴 기리기리 바아라 볼반다 훔바닥
옴 기리기리 바아라 볼반다 훔바닥

옴 기리기리 바아라 볼반다 훔바닥
옴 기리기리 바아라 볼반다 훔바닥
옴 기리기리 바아라 볼반다 훔바닥
옴 기리기리 바아라 볼반다 훔바닥
옴 기리기리 바아라 볼반다 훔바닥

옴 기리기리 바아라 볼반다 훔바닥
옴 기리기리 바아라 볼반다 훔바닥
옴 기리기리 바아라 볼반다 훔바닥
옴 기리기리 바아라 볼반다 훔바닥
옴 기리기리 바아라 볼반다 훔바닥

옴 기리기리 바아라 볼반다 훔바닥
옴 기리기리 바아라 볼반다 훔바닥
옴 기리기리 바아라 볼반다 훔바닥
옴 기리기리 바아라 볼반다 훔바닥
옴 기리기리 바아라 볼반다 훔바닥

옴 기리기리 바아라 볼반다 훔바닥
옴 기리기리 바아라 볼반다 훔바닥
옴 기리기리 바아라 볼반다 훔바닥
옴 기리기리 바아라 볼반다 훔바닥
옴 기리기리 바아라 볼반다 훔바닥

옴 기리기리 바아라 볼반다 훔바닥
옴 기리기리 바아라 볼반다 훔바닥
옴 기리기리 바아라 볼반다 훔바닥
옴 기리기리 바아라 볼반다 훔바닥
옴 기리기리 바아라 볼반다 훔바닥

073

옴 기리기리 바아라 볼반다 훔바닥
옴 기리기리 바아라 볼반다 훔바닥
옴 기리기리 바아라 볼반다 훔바닥
옴 기리기리 바아라 볼반다 훔바닥
옴 기리기리 바아라 볼반다 훔바닥

옴 기리기리 바아라 볼반다 훔바닥
옴 기리기리 바아라 볼반다 훔바닥
옴 기리기리 바아라 볼반다 훔바닥
옴 기리기리 바아라 볼반다 훔바닥
옴 기리기리 바아라 볼반다 훔바닥

옴 기리기리 바아라 볼반다 훔바닥
옴 기리기리 바아라 볼반다 훔바닥
옴 기리기리 바아라 볼반다 훔바닥
옴 기리기리 바아라 볼반다 훔바닥
옴 기리기리 바아라 볼반다 훔바닥

088

옴 기리기리 바아라 볼반다 훔바닥
옴 기리기리 바아라 볼반다 훔바닥
옴 기리기리 바아라 볼반다 훔바닥
옴 기리기리 바아라 볼반다 훔바닥
옴 기리기리 바아라 볼반다 훔바닥

옴 기리기리 바아라 볼반다 훔바닥
옴 기리기리 바아라 볼반다 훔바닥
옴 기리기리 바아라 볼반다 훔바닥
옴 기리기리 바아라 볼반다 훔바닥
옴 기리기리 바아라 볼반다 훔바닥

옴 기리기리 바아라 볼반다 훔바닥
옴 기리기리 바아라 볼반다 훔바닥
옴 기리기리 바아라 볼반다 훔바닥
옴 기리기리 바아라 볼반다 훔바닥
옴 기리기리 바아라 볼반다 훔바닥

103

옴 기리기리 바아라 볼반다 훔바닥
옴 기리기리 바아라 볼반다 훔바닥
옴 기리기리 바아라 볼반다 훔바닥
옴 기리기리 바아라 볼반다 훔바닥
옴 기리기리 바아라 볼반다 훔바닥

옴 기리기리 바아라 볼반다 훔바닥
옴 기리기리 바아라 볼반다 훔바닥
옴 기리기리 바아라 볼반다 훔바닥
옴 기리기리 바아라 볼반다 훔바닥
옴 기리기리 바아라 볼반다 훔바닥

옴 기리기리 바아라 볼반다 훔바닥
옴 기리기리 바아라 볼반다 훔바닥
옴 기리기리 바아라 볼반다 훔바닥
옴 기리기리 바아라 볼반다 훔바닥
옴 기리기리 바아라 볼반다 훔바닥

옴 기리기리 바아라 볼반다 훔바닥
옴 기리기리 바아라 볼반다 훔바닥
옴 기리기리 바아라 볼반다 훔바닥
옴 기리기리 바아라 볼반다 훔바닥
옴 기리기리 바아라 볼반다 훔바닥

옴 기리기리 바아라 볼반다 훔바닥
옴 기리기리 바아라 볼반다 훔바닥
옴 기리기리 바아라 볼반다 훔바닥
옴 기리기리 바아라 볼반다 훔바닥
옴 기리기리 바아라 볼반다 훔바닥

옴 기리기리 바아라 볼반다 훔바닥
옴 기리기리 바아라 볼반다 훔바닥
옴 기리기리 바아라 볼반다 훔바닥
옴 기리기리 바아라 볼반다 훔바닥
옴 기리기리 바아라 볼반다 훔바닥

133

옴 기리기리 바아라 볼반다 훔바닥
옴 기리기리 바아라 볼반다 훔바닥
옴 기리기리 바아라 볼반다 훔바닥
옴 기리기리 바아라 볼반다 훔바닥
옴 기리기리 바아라 볼반다 훔바닥

옴 기리기리 바아라 볼반다 훔바닥
옴 기리기리 바아라 볼반다 훔바닥
옴 기리기리 바아라 볼반다 훔바닥
옴 기리기리 바아라 볼반다 훔바닥
옴 기리기리 바아라 볼반다 훔바닥

옴 기리기리 바아라 볼반다 훔바닥
옴 기리기리 바아라 볼반다 훔바닥
옴 기리기리 바아라 볼반다 훔바닥
옴 기리기리 바아라 볼반다 훔바닥
옴 기리기리 바아라 볼반다 훔바닥

148

옴 기리기리 바아라 볼반다 훔바닥
옴 기리기리 바아라 볼반다 훔바닥
옴 기리기리 바아라 볼반다 훔바닥
옴 기리기리 바아라 볼반다 훔바닥
옴 기리기리 바아라 볼반다 훔바닥

옴 기리기리 바아라 볼반다 훔바닥
옴 기리기리 바아라 볼반다 훔바닥
옴 기리기리 바아라 볼반다 훔바닥
옴 기리기리 바아라 볼반다 훔바닥
옴 기리기리 바아라 볼반다 훔바닥

옴 기리기리 바아라 볼반다 훔바닥
옴 기리기리 바아라 볼반다 훔바닥 *160*

보회향진언

옴 삼마라 삼마라 미만나 사라마
하 자가라바 훔

아미타불 종자種子진언

옴 바즈라 다르마 흐릭

옴 바즈라 다르마 흐릭
옴 바즈라 다르마 흐릭
옴 바즈라 다르마 흐릭

옴 바즈라 다르마 흐릭
옴 바즈라 다르마 흐릭
옴 바즈라 다르마 흐릭
옴 바즈라 다르마 흐릭
옴 바즈라 다르마 흐릭

옴 바즈라 다르마 흐릭
옴 바즈라 다르마 흐릭
옴 바즈라 다르마 흐릭
옴 바즈라 다르마 흐릭
옴 바즈라 다르마 흐릭

013

옴 바즈라 다르마 흐릭
옴 바즈라 다르마 흐릭
옴 바즈라 다르마 흐릭
옴 바즈라 다르마 흐릭
옴 바즈라 다르마 흐릭

옴 바즈라 다르마 흐릭
옴 바즈라 다르마 흐릭
옴 바즈라 다르마 흐릭
옴 바즈라 다르마 흐릭
옴 바즈라 다르마 흐릭

옴 바즈라 다르마 흐릭
옴 바즈라 다르마 흐릭
옴 바즈라 다르마 흐릭
옴 바즈라 다르마 흐릭
옴 바즈라 다르마 흐릭

028

옴 바즈라 다르마 흐릭
옴 바즈라 다르마 흐릭
옴 바즈라 다르마 흐릭
옴 바즈라 다르마 흐릭
옴 바즈라 다르마 흐릭

옴 바즈라 다르마 흐릭
옴 바즈라 다르마 흐릭
옴 바즈라 다르마 흐릭
옴 바즈라 다르마 흐릭
옴 바즈라 다르마 흐릭

옴 바즈라 다르마 흐릭
옴 바즈라 다르마 흐릭
옴 바즈라 다르마 흐릭
옴 바즈라 다르마 흐릭
옴 바즈라 다르마 흐릭

043

옴 바즈라 다르마 흐릭

옴 바즈라 다르마 흐릭

옴 바즈라 다르마 흐릭

옴 바즈라 다르마 흐릭

옴 바즈라 다르마 흐릭

옴 바즈라 다르마 흐릭

옴 바즈라 다르마 흐릭

옴 바즈라 다르마 흐릭

옴 바즈라 다르마 흐릭

옴 바즈라 다르마 흐릭

옴 바즈라 다르마 흐릭

옴 바즈라 다르마 흐릭

옴 바즈라 다르마 흐릭

옴 바즈라 다르마 흐릭

옴 바즈라 다르마 흐릭

옴 바즈라 다르마 흐릭

옴 바즈라 다르마 흐릭

옴 바즈라 다르마 흐릭

옴 바즈라 다르마 흐릭

옴 바즈라 다르마 흐릭

옴 바즈라 다르마 흐릭

옴 바즈라 다르마 흐릭

옴 바즈라 다르마 흐릭

옴 바즈라 다르마 흐릭

옴 바즈라 다르마 흐릭

옴 바즈라 다르마 흐릭

옴 바즈라 다르마 흐릭

옴 바즈라 다르마 흐릭

옴 바즈라 다르마 흐릭

옴 바즈라 다르마 흐릭

073

옴 바즈라 다르마 흐릭
옴 바즈라 다르마 흐릭
옴 바즈라 다르마 흐릭
옴 바즈라 다르마 흐릭
옴 바즈라 다르마 흐릭

옴 바즈라 다르마 흐릭
옴 바즈라 다르마 흐릭
옴 바즈라 다르마 흐릭
옴 바즈라 다르마 흐릭
옴 바즈라 다르마 흐릭

옴 바즈라 다르마 흐릭
옴 바즈라 다르마 흐릭
옴 바즈라 다르마 흐릭
옴 바즈라 다르마 흐릭
옴 바즈라 다르마 흐릭

옴 바즈라 다르마 흐릭
옴 바즈라 다르마 흐릭
옴 바즈라 다르마 흐릭
옴 바즈라 다르마 흐릭
옴 바즈라 다르마 흐릭

옴 바즈라 다르마 흐릭
옴 바즈라 다르마 흐릭
옴 바즈라 다르마 흐릭
옴 바즈라 다르마 흐릭
옴 바즈라 다르마 흐릭

옴 바즈라 다르마 흐릭
옴 바즈라 다르마 흐릭
옴 바즈라 다르마 흐릭
옴 바즈라 다르마 흐릭
옴 바즈라 다르마 흐릭

103

옴 바즈라 다르마 흐릭
옴 바즈라 다르마 흐릭
옴 바즈라 다르마 흐릭
옴 바즈라 다르마 흐릭
옴 바즈라 다르마 흐릭

옴 바즈라 다르마 흐릭
옴 바즈라 다르마 흐릭
옴 바즈라 다르마 흐릭
옴 바즈라 다르마 흐릭
옴 바즈라 다르마 흐릭

옴 바즈라 다르마 흐릭
옴 바즈라 다르마 흐릭
옴 바즈라 다르마 흐릭
옴 바즈라 다르마 흐릭
옴 바즈라 다르마 흐릭

옴 바즈라 다르마 흐릭
옴 바즈라 다르마 흐릭
옴 바즈라 다르마 흐릭
옴 바즈라 다르마 흐릭
옴 바즈라 다르마 흐릭

옴 바즈라 다르마 흐릭
옴 바즈라 다르마 흐릭
옴 바즈라 다르마 흐릭
옴 바즈라 다르마 흐릭
옴 바즈라 다르마 흐릭

옴 바즈라 다르마 흐릭
옴 바즈라 다르마 흐릭
옴 바즈라 다르마 흐릭
옴 바즈라 다르마 흐릭
옴 바즈라 다르마 흐릭

133

옴 바즈라 다르마 흐릭
옴 바즈라 다르마 흐릭
옴 바즈라 다르마 흐릭
옴 바즈라 다르마 흐릭
옴 바즈라 다르마 흐릭

옴 바즈라 다르마 흐릭
옴 바즈라 다르마 흐릭
옴 바즈라 다르마 흐릭
옴 바즈라 다르마 흐릭
옴 바즈라 다르마 흐릭

옴 바즈라 다르마 흐릭
옴 바즈라 다르마 흐릭
옴 바즈라 다르마 흐릭
옴 바즈라 다르마 흐릭
옴 바즈라 다르마 흐릭

148

옴 바즈라 다르마 흐릭
옴 바즈라 다르마 흐릭
옴 바즈라 다르마 흐릭
옴 바즈라 다르마 흐릭
옴 바즈라 다르마 흐릭

옴 바즈라 다르마 흐릭
옴 바즈라 다르마 흐릭
옴 바즈라 다르마 흐릭
옴 바즈라 다르마 흐릭
옴 바즈라 다르마 흐릭

옴 바즈라 다르마 흐릭
옴 바즈라 다르마 흐릭

160

보회향진언

옴 삼마라 삼마라 미만나 사라마
하 자가라바 훔

사경 끝난 날 : 불기 _____ 년 ____ 월 ____ 일

다라니(진언) 사경 13

극락왕생을 위한 진언

초판 1쇄 발행 2014년 12월 12일 | **초판 2쇄 발행** 2023년 1월 10일
엮은이 편집부 | **펴낸이** 김시열
펴낸곳 도서출판 운주사

(02832) 서울시 성북구 동소문로 67-1 성심빌딩 3층

전화 (02) 926-8361 | 팩스 (0505) 115-8361

ISBN 978-89-5746-404-5 04220   값 6,000원
ISBN 978-89-5746-405-2 (세트)

진언의 공덕을 온전하게 받을 수 있는
진언 사경 시리즈

불보살님의 자비와 가피를
함축하고 있는 진언(다라니)!

사륙배판/112쪽 내외

❶ 과거세부터 지어온 죄업을
　 참회하는 진언

❷ **업장**을 소멸하는 진언

❸ 태교와 **어린이**를 위한 진언

❹ **학업성취**를 위한 진언

❺ **병고**에서 벗어나기 위한
　 진언

❻ **소원성취**를 위한 진언

❼ **취업과 승진**을 위한 진언

❽ 화목한 **가정**을 위한 진언

❾ 재앙을 소멸하고 **복**을
　 부르는 진언

❿ 돌아가신 **부모님**의 극락
　 왕생을 위한 진언

⓫ **건강과 장수**를 위한 진언

⓬ **재물**을 부르는 진언

⓭ **극락왕생**을 위한 진언